NOUVEAU

SYSTÈME DE VIDANGE

BREVETÉ S. G. D. G.

Supprimant complètement les fosses et l'envoi des matières fécales à l'égout

PAR

A. BOURDARET

19, PLACE DE LA MARTINIÈRE, LYON

> Le sort de toute nouveauté qui surgit, c'est d'offenser au lieu de séduire, de blesser au lieu de convaincre.
>
> X...

LYON.

IMPRIMERIE ALEXANDRE REY

4, RUE GENTIL, 4

1893

Avec ce système on obtient

SUR PLACE, SANS ODEUR ET SANS MANIPULATION DIRECTE

1° La division et la désinfection des liquides et solides ;

2° La précipitation des principes fertilisants contenus dans les liquides (Phosphate ammoniaco-magnésien) ;

3° L'évacuation des eaux inutiles désinfectées chimiquement et stérilisées par le feu, 120 degrés ;

4° L'incinération des détritus de ménage ;

5° L'engrais humain pur et facilement transportable.

Voir à la fin la planche qui contient la description et les dessins de l'appareil.

NOUVEAU

SYSTÈME DE VIDANGE

BREVETÉ S. G. D. G.

TABLE

NOUVEAU

SYSTÈME DE VIDANGE

BREVETÉ S. G. D. G.

Supprimant complètement les fosses et l'envoi des matières fécales à l'égout

PAR

A. BOURDARET

19, PLACE DE LA MARTINIÈRE, LYON

> Le sort de toute nouveauté qui surgit, c'est d'offenser au lieu de séduire, de blesser au lieu de convaincre.
>
> X...

LYON

IMPRIMERIE ALEXANDRE REY

4, RUE GENTIL, 4

1893

AVANT-PROPOS

On a tellement parlé et écrit sur l'hygiène que nous hésiterions à le faire encore si cette question si délicate traitée par tant d'hommes aussi illustres que compétents, avait toujours dans la pratique acquis les résultats véritablement dignes des savantes combinaisons théoriques de la plupart de nos hygiénistes modernes.

On a, en effet, fort discuté cette question d'hygiène, cet éternel ordre du jour; on a écrit volume sur volume, échafaudé dissertation sur dissertation, sans cependant faire de grands progrès, sans cependant atteindre, tant s'en faut, dans la pratique, le degré de perfection où se sont élevées par un travail persévérant et acharné les autres branches de culture de l'intelligence humaine.

Ces humbles pages n'ont pas la prétention de renverser la tactique actuelle des hommes spéciaux, des hommes compétents, dont la mission délicate consiste à veiller sur la santé de leurs concitoyens.

Mais tout en constatant leurs mérites, tout en appréciant leurs talents, nous nous permettrons seulement d'émettre ici notre opinion ; nous nous permettrons aussi d'examiner un peu la question par trop systématiquement délaissée des *vidanges au point de vue hygiénique*.

Nous examinerons en un mot les dangers que présentent les *fosses d'aisance, ainsi que les différents systèmes de vidange* actuellement en usage ; nous examinerons surtout les dangers et les inconvénients du *Tout-à-l'égout* système tant préconisé de nos jours.

Les limites étroites de cette notice, ne nous permettant pas de longs préambules, nous aborderons donc notre question tout simplement et sans périphrases, malgré la singularité du sujet et les expressions qui fatalement vont se rencontrer sous notre plume.

Établir l'insuffisance et les inconvénients des systèmes modernes de vidange.

Obtenir l'approbation des hygiénistes pour un projet plus rationnei, tel est le double but que nous nous proposons d'atteindre dans cette brochure qui n'a d'autre prétention que d'être un simple instrument de publicité pour un procédé qui est le fruit de nombreuses années d'observations de notre profession d'architecte.

NOUVEAU
SYSTÈME DE VIDANGE

BREVETÉ S. G. D. G.

La question hygiénique et les Vidanges en 1893

Une question d'hygiène est une question qui concerne la santé publique, et ce mot en indique suffisamment l'importance; on est d'accord sur la nécessité de désinfecter les villes, mais les divergences apparaissent sur les moyens.

Nous regrettons fortement que les déjections humaines n'aient pas été l'objet de recherches plus approfondies ; l'impression désagréable, pénible, que produit sur nos organes l'odeur qui s'échappe de ces matières, la répulsion instinctive que nous éprouvons à leur vue, explique peut-être cette insuffisance, mais toutefois très incomplètement. Les auteurs spéciaux de différentes époques, constatent cette même répulsion, ce même abandon, sans en pouvoir déterminer la cause.

Dans tous les cas, ce qu'il est facile et absolument extraordinaire de constater, et qui ne peut se justifier non plus, c'est qu'à notre époque, à la fin de ce XIXe siècle, appelé siècle de la lumière et du progrès, siècle qui a vu naître tant d'admirables découvertes, l'industrie, l'esprit inventif qui est comme le cachet propre de notre civilisation, et qui, dans tant d'autres cas ont enfanté des merveilles, sont restés indifférents au besoin d'amélioration que réclame depuis si longtemps la question des vidanges au point de vue hygiénique.

Des Fosses d'aisance

Bien que la plupart des peuples de l'antiquité, les Hébreux et les Grecs notamment, aient fait usage des *fosses d'aisances* plus ou moins primitives, on remarque cependant que Rome l'Ancienne n'en possédait pas ou peu ; toutes les matières et détritus étaient amenés au Tibre par des canaux souterrains.

A Paris même, ce n'est que vers le viiie siècle, que les premières fosses d'aisance furent établies dans les demeures privilégiées, avant cette époque, la population ne connaissait d'autre système que celui, non du *Tout-à-l'égout*, mais du *Tout-à-la-rue*, où les plus abominables ordures s'étalaient sans interruption.

Devant les hôtels des grands seigneurs, on y mettait peut-être un peu plus de façons; mais néanmoins, on semblait même dans les plus hautes classes de la société, ignorer les règles les plus élémentaires de l'hygiène ; pas un endroit de la ville qui n'exhalât une odeur affreuse, et où l'on pût marcher avec sécurité.

Il n'y a donc pas trop à s'étonner devant un pareil sans-gêne, devant une pareille incurie administrative, de ces fréquentes maladies, de ces léproseries du moyen âge qui dévoraient les populations.

Comment eût-il pu en être autrement à cette époque où les matières fécales et les débris organiques jetés dans les rues non pavées y répandaient éternellement une odeur insupportable, pour ne pas parler des germes morbides qui s'y développaient en permanence, en tout repos, et en quelque sorte comme sous l'égide de l'administration d'alors.

C'est seulement en 1380 qu'on commença, dans quelques rares quartiers de Paris, à construire des égouts; jusqu'à cette époque, nous osons à peine le répéter, cette belle ville, cette capitale que le monde aujourd'hui nous envie, était un cloaque, conservait ses détritus dans la rue ; l'air était seul chargé d'en opérer à loisir la décomposition.

Jusqu'à cette époque, non seulement il n'existait pas le moindre égout pour recevoir les eaux ménagères, mais on répandait même sans le moindre scrupule, toutes sortes d'immondices par les fenêtres ; les fosses faisaient aussi absolument défaut.

Bien que dans les premières années du xvᵉ siècle il existât des fosses d'aisance à l'hôtel de ville de Paris, peu de maisons particulières en étaient encore pourvues ; ce n'est que sous le règne de François Iᵉʳ qu'elles commencèrent à se généraliser.

Il faut arriver au règne de Louis XVI pour voir les premiers *lieux à l'anglaise,* et ce système très imparfait était encore fort rare au commencement de ce siècle.

Après ce rapide coup d'œil jeté sur l'origine des égouts et des fosses à Paris, c'est-à-dire en France ; après cette courte revue de la situation hygiénique à différentes époques où la population des villes n'était pas comparable à nos agglomérations modernes qui cependant sont généralement dotées d'une condition de salubrité infiniment supérieure, on est amené à constater que l'*hygiène, c'est la vie !*

L'insalubrité des villes croît en effet comme le carré de leur population ; on se demande comment celle-ci peut atteindre au chiffre de plusieurs millions, comme à Paris et à Londres, sans les transformer en d'immenses foyers d'infection, ainsi que cela arrivait au moyen âge dans les grandes villes de France et d'Italie que les épidémies ravageaient d'une manière presque continuelle. Aussi, il ne doit pas y avoir de trop grands sacrifices pour acquérir les moyens d'appliquer toujours et partout les principes d'hygiène et de salubrité que la science moderne met à notre disposition.

L'accroissement des grandes villes qui est le trait caractéristique de notre civilisation, a pour conséquence l'accumulation sur un espace limité d'une quantité énorme de détritus de toutes sortes.

Dans les populations éparses, disséminées sur de grandes étendues de terre, on peut sans grand danger négliger la question des déchets organiques, on se débarrasse facilement des débris ; les forces chimiques du sol et de l'air suffisent amplement à leur décomposition et désinfection.

Mais dans les grandes villes, au sein de notre civilisation active et compacte, la question offre un autre aspect. Au milieu d'une population dense, d'habitations entassées les unes sur les autres, le travail de la nature ne suffit plus, devient fort désagréable, il faut à tout prix y suppléer par l'application de moyens préventifs efficaces. Chacun comprend, chacun admet cela. Et l'on ne fait rien ou à peu près pour empêcher que la terre, l'air et l'eau, soit contaminés par les déchets organiques multiples; au point qu'il n'est pas rare de voir encore de nos jours empoisonner, on pourrait dire à plaisir, les sources d'eau pure, en y déposant des résidus sans nom : chacun peut le constater.

On a dit avec raison que se débarrasser des rebuts de toutes sortes dans les villes est une des plus importantes questions de l'hygiène publique, car la difficulté est grande en effet, surtout si l'on veut évacuer ces déchets sans porter atteinte à la salubrité des banlieues.

Il faut non seulement débarrasser les villes des immondices, des déjections humaines, mais il faut, il est nécessaire, absolument indispensable même, d'amener ces matières putréfiées ou susceptibles de l'être à ne plus être une source d'infection. Il faut les rendre non seulement inoffensives, mais encore d'une profitable application ; il ne faut pas seulement s'en débarrasser, mais s'en débarrasser utilement. En un mot, il faut améliorer la salubrité des grandes villes d'une façon notable, tout en utilisant avantageusement et sans danger tous leurs détritus, végétaux et autres ; détritus qui sont actuellement considérés comme un danger, et qui pourraient si facilement se transformer en une source de revenus.

On a vu précédemment que les fosses d'aisance furent de tout temps connues par certains peuples, mais aussi très médiocrement employées. Les premières ne furent que des trous creusés dans les cours et jardins, et qui n'étaient jamais vidées. Rien n'empêchait les matières fécales de s'infiltrer dans le sol et d'infecter les nappes d'eau souterraines.

De nos jours il existe encore dans certaines grandes villes des réceptacles de ce genre ; ils laissent écouler tous les liquides qu'ils reçoivent dans de véritables puits perdus qui vont porter l'infection dans les eaux du voisinage. Le mal quoique caché, quoique moins grand peut-être qu'aux temps où le *Tout-à-la-rue* régnait et triomphait un peu partout, n'en existe pas moins, sous une autre forme, il est vrai, voilà la seule différence !

Le *Tout-à-la-rue* empoisonnait l'air, *ces fosses non étanches* empoisonnent l'eau, toute l'amélioration est là. Or, peut-on bien appeler cela une amélioration ?

L'affirmative serait un paradoxe, car à tout prendre mieux vaut encore respirer un air vicié que de s'empoisonner en buvant des eaux polluées par les matières fécales, eaux qui tiennent en suspension des germes des pires maladies infectieuses.

Le séjour dans une atmosphère impure détermine à n'en pas douter une intoxication redoutable, mais qui n'est pas comparable aux maux qu'engendrent l'absorption des microbes que contiennent les eaux souillées.

Pas ou peu de personnes se rendent compte des dangers qu'offrent ces eaux contaminées ; on se fait trop facilement illusion sur les terribles conséquences que peut entraîner leur emploi, et le plus souvent on ne se doute guère des germes morbides que contient la carafe d'eau d'apparence limpide qu'on consomme chez soi ou ailleurs, et dans laquelle on trouve si souvent la fièvre typhoïde et tant d'autres maladies.

De même que l'eau, la terre est évidemment un agent de désinfection, mais à la condition aussi de ne pas recevoir une quantité surabondante de matières ; ce ne sont pas les quelques mètres carrés qui composent le fond d'une fosse qui peuvent purifier sans danger la quantité de matières qu'on y déverse.

Le sol de certains quartiers des villes reçoit par infiltration des matières excrémentitielles qui recèlent fréquemment des germes morbides susceptibles de fermenter, lorsque surviennent certaines conditions atmosphériques ou autres favorables à cette fermentation.

Il n'est pas douteux par exemple que les eaux qui, au moment des crues, envahissent les caves et sous-sol, envahissent aussi les fosses dont l'étanchéité n'est pas complète ou nulle, et que ces eaux en se retirant, entraînent avec elles et déposent un peu partout les germes morbides qui pullulent dans les matières fécales en putréfaction et ce, d'autant plus que, *on verra plus loin pourquoi*, le résidu solide n'est que très rarement retiré des fosses.

Du reste l'Administration, pour parer à d'aussi graves inconvénients, a depuis longtemps prescrit des règles absolument fixes et auxquelles les propriétaires doivent se soumettre. Ces réglements n'autorisent que les fosses absolument étanches ; voyons maintenant à examiner ces dernières.

On appelle *fosses d'aisance étanches*, des fosses à parois imperméables, installées à l'aide de procédés divers, et ne devant laisser échapper aucune des matières qu'elles reçoivent, tant solides que liquides. Ces fosses, en usage de nos jours, furent considérées à leur origine comme réunissant des qualités bien supérieures aux excavations simplement faites dans la terre qu'on avait employées jusque-là, et qui laissaient pénétrer dans le sol la plus grande partie de ce qu'elles recevaient.

Les fosses étanches avaient en effet sur leurs devancières, plusieurs avantages ; d'abord celui de moins souiller les eaux de puits, et ensuite de conserver les matières, et d'en permettre par conséquent l'emploi agricole ou industriel.

Ce perfectionnement unique apporté aux fosses les plus primitives permettait en effet, et permet encore de nos jours, de dissimuler à la vue sinon à l'odorat, les déjections humaines tout en les conservant à l'agriculture. Mais bien que certainement préférable au procédé primitif du *Tout-à-la-rue*, ce système ne cesse pas d'être d'une funeste application au point de vue hygiénique.

Car se fait-on une idée bien exacte, en effet, de l'amas de matières en putréfaction qu'on cache soigneusement dans les fosses ?

Dans les villes comme Paris, Lyon, etc., où les maisons d'habitation se comptent par dizaines de mille, se rend-on un compte bien exact de ces milliers d'infectes réceptacles, où s'agitent constamment des matières putréfiées, urines, eaux de lavage, sur lesquelles surnage une masse fourmillante d'insectes en quantité telle qu'il y en a quelquefois 0^m,25 d'épaisseur et même plus.

Se fait-on une idée exacte des émanations pestilentielles qui en sont la conséquence, et qui malgré tous les systèmes d'aération amène néanmoins une considérable perturbation dans l'air et la santé publique, bien qu'on nie le danger des gaz délétères ?

Les colonnes d'évent, pourtant si nécessaires, s'immagine-t on bien ce qu'elles offrent d'inconvénients, de maux aux habitants des étages supérieurs ?

Peut-on admettre qu'une odeur pénible à nos fonctions respiratoires, ne soit pas préjudiciable à la santé ?

Les matières accumulées dans les fosses dégagent une quantité énorme de gaz dangereux qui se répand dans l'atmosphère par les tuyaux d'évent et dans les appartements par les conduits des lieux d'aisance; la production de ces principes méphitiques est telle qu'elle atteint en vingt-quatre heures trois ou quatre fois le volume des matières contenues dans la fosse. Ces détails dont nous atténuons à dessein l'horreur par respect pour nos lecteurs, détails qui sont cependant à peu près connus de tous, devraient depuis longtemps avoir inspiré les chercheurs qui se disputent dans le monde *l'honneur d'améliorer, d'améliorer toujours.*

Car nous l'avons dit déjà, l'antique procédé du *Tout-à-la-rue*, fut un jour remplacé par une *fosse*, par une simple excavation dans le sol. A ce premier progrès, à cette première amélioration, qui existe même encore de nos jours, succéda la *fosse étanche.*

Il y a des siècles de cela ! Et nous en sommes encore à attendre un perfectionnement dont le besoin se fait pourtant bien sentir.

L'hygiène des grandes villes est à l'ordre du jour; on voit de tous côtés les Administrations s'efforcer d'organiser des services sanitaires aussi parfaits que possible ; on s'occupe de tout en un mot, sauf peut-être de chercher un moyen pratique, de chercher un système facile et surtout hygiénique pour recevoir et évacuer rapidement les matières fécales. C'est-à-dire un moyen permettant de débarrasser les villes d'une foule de maladies, d'une foule d'épidémies de toutes sortes qui ont leur origine uniquement dans les foyers pestilentiels ci-dessus décrits;

dans la méthode barbare et primitive des fosses d'aisance. Il faut éviter à tout prix de laisser séjourner inutilement comme on le fait dans les agglomérations, dans les maisons, tout autour de nous enfin, des quantités considérables, nous pourrions dire immenses, inconcevables même, de matières essentiellement putrescibles, qui nous empoisonnent, qui nous tuent, alors qu'intelligemment manipulées et employées, elles pourraient sensiblement améliorer non seulement l'hygiène, mais encore la fortune publique.

En parlant des engrais, nous établirons plus loin qu'il est en effet facile de transformer en une source de richesse cet état excessivement dangereux autant qu'improductif.

Les permanentes épidémies qui déciment les populations, dans certaines parties de l'Orient ont leur source, nous dit-on, dans l'indifférence qui préside à tout ce qui concerne la salubrité. Il est regrettable que cette même indifférence, ce même laisser-aller, cette même nonchalance existent en France dans de certaines limites ; et que cette situation déplorable n'ait pas jusqu'à présent fait comprendre la nécessité d'une révolution radicale de *nos vieux systèmes routiniers en matière de vidange.*

Aux fosses fixes que nous venons d'examiner, et qui sont à peu près généralement employées, on peut ajouter les *fosses mobiles* ou *tinettes*, dont l'emploi est des plus limités.

D'autre part, pour se débarrasser plus facilement de l'abondante quantité d'eau reçue et recelée par les fosses, quantité qui s'accroît tous les jours par l'usage plus répandu des cuvettes à l'anglaise sans cesse inondées, pour se débarrasser de ce flux toujours croissant, de cette marée montante d'un nouveau genre, autant que de ces *voieries ambulantes appelées des tonnes*, pour remplacer enfin les fosses de tous genres, on préconise de nos jours ce système qui a rencontré tant d'adeptes et tant d'adversaires, et qui s'appelle le *Tout-à-l'égout.*

Nous nous permettrons avant d'examiner ce système tel qu'il est déjà expérimenté dans quelques villes, notamment à Paris, d'étudier maintenant les conséquences des fosses dont nous venons de parler au point de vue de l'extraction des matières, au point de vue en un mot de la vidange.

Des Vidanges

Il est clair que lorsque les premières fosses furent établies, il fallut prévoir le moment où il y aurait urgence de se débarrasser de leur contenu. C'est peut-être bien pour ne pas avoir à se soucier de cette opération que les anciens furent très longs à faire usage des fosses, trouvant sans doute infiniment plus simple de déverser directement à la rue les immondices de toutes natures que de les introduire dans un trou pour avoir ensuite le plaisir de les enlever.

Nous n'examinerons pas là l'emploi à faire des matières reçues et abritées par les fosses ; nous nous proposons dans un chapitre réservé aux engrais d'examiner plus loin cette question.

Nous désirons seulement jeter ici un coup d'œil rapide sur les moyens employés pour la vidange, c'est-à-dire, pour extraire des fosses et évacuer hors des grandes villes les déjections qu'elles contiennent.

Et dès les premiers mots, nous sommes obligés de constater que les procédés en usage de nos jours sont identiques ou à peu près à ceux qu'on connaissait et employait *il y a vingt ou trente siècles*. Certains de nos lecteurs pourront peut-être nous dire : « Mais le système des vidanges inodores à vapeur ne répond-il donc pas à toutes les exigences de l'hygiène ? N'est-il donc pas à la hauteur de l'esprit inventif de notre siècle de progrès?

Certes, nous nous plaisons à reconnaître les avantages de ce système. Mais il est facile, à notre avis, de s'apercevoir que ce système un peu trop complaisamment, pout être, qualifié d'inodore ne répond pas toujours absolument à son titre.

Nous nous empressons de dire bien haut cependant que les

odeurs qui se répandent très souvent dans les cours, escaliers et appartements, pendant les opérations de la vidange ne sont pas imputables à la défectuosité du système. Ces odeurs ne condamnent pas les pompes à vapeur et le matériel de transport qui est aussi parfait que possible, mais les fosses elles-mêmes, ces excavations ignobles, qui le plus souvent contiennent de 20 à 50 mètres cubes de matières ; c'est-à-dire une masse qu'il est impossible de désinfecter complètement avant les opérations.

Les procédés chimiques de désinfection qui réussissent très bien dans un laboratoire d'essais, sur des petites quantités en un mot, ont toujours complètement échoué quand leur application s'est faite sur une grande échelle, et nulle part on n'a obtenu des résultats satisfaisants.

Ce n'est pourtant que par la possibilité d'une désinfection préalable et complète des matières à extraire que l'on peut éviter ces désagréables odeurs et rendre les vidanges véritablement inodores.

D'autre part, qu'extrait-on avec les pompes à vapeur?

Peut-on, par ce moyen, obtenir un résultat complet, satisfaisant?

Nous ne le croyons pas.

Elles sont certainement une grande amélioration comparées aux anciens procédés de vidange au seau ou à la pompe à bras, mais, malgré cela, leurs services sont bien plus apparents que réels.

Car, le travail des appareils d'extraction et de transport souvent très coûteux, toujours très encombrant pour la voie publique, ainsi que la nombreuse cavalerie des Compagnies de vidanges à vapeur ne sert qu'à extraire des fosses et véhiculer à des prix trop élevés, des urines mélangées à une énorme quantité d'eau déversée dans les fosses pour des raisons de propreté ou autres.

Et dans les villes accidentées, dans les quartiers élevés comme certaines parties des 1er, 4e et 5e arrondissements de Lyon, par exemple, les frais de transport atteignent des chiffres absolument exorbitants, et encore dans certains cas il y a impossibilité absolue d'opérer la vidange, par suite de la difficulté d'accès occasionnée par différentes causes, la gelée et la neige notamment.

Quant aux matières solides, les pompes à vapeur les mieux comprises, les plus ingénieuses, sont tout à fait impuissantes à les extraire complètement. Elles restent pour ainsi dire d'une façon *perpétuelle* à cause des inconvénients que présente leur enlèvement par les procédés en usage. Si nous disons d'une façon pour ainsi dire perpétuelle, c'est qu'en effet ce curage ne s'opère que très rarement, des périodes de quinze, vingt ans et même plus s'écoulent souvent entre deux opérations ; beaucoup même ne sont jamais curées.

Il faut des cas spéciaux, des cas de forces majeures, nous pouvons le dire, pour qu'on se décide à faire ce travail; il faut soit des réparations urgentes, soit des recherches de police.

Qu'il nous soit permis de constater en passant que les fosses d'aisance, ont en effet souvent, trop souvent même, hélas! *la triste mission de faire disparaître les traces des attentats à la vie;* surtout à la vie des enfants du premier âge. On cure plus de fosses pour la recherche de fœtus ou autres raisons analogues que pour tout autre motif, et ce, nous le répétons, à cause des moyens ridicules dont on dispose pour ce travail.

Est-il possible en effet de rêver dans nos temps tout au génie mécanique un état de choses aussi primitif. Un état de choses qui oblige de faire accomplir ces rebutants nettoyages directement par des hommes qui, munis d'un seau et d'une pelle vont, maintenus par une forte bride tenue par un autre ouvrier en dehors de la fosse, accomplir précipitamment leur besogne, afin de se soustraire au plus tôt à l'influence pernicieuse des gaz.

Ces travaux indignes de notre civilisation ont suggéré à M. Paulet, chimiste, dans son excellent livre de l'*Engrais humain*, cette pensée que nous reproduisons.

« Quand j'assiste, dit-il, dans mes pérégrinations, à l'exploitation de cette industrie embryonnaire, il me semble voir renaître avec ses dangers l'industrie primitive, l'industrie de ces temps où l'esclave partait le matin, le marteau sur l'épaule et la serpe sous le bras, s'acheminant auprès de la mine pour fabriquer

quelques chétifs fragments de fer ; de ces temps encore où l'esclave broyait entre deux cailloux le froment qui devait servir à la nourriture de ses maîtres. »

Il était impossible de traduire mieux, croyons-nous, les sentiments qu'inspirent les moyens par trop primitifs, dont nous disposons pour le nettoyage des fosses.

Ce nettoyage est tellement reconnu désagréable et dangereux, qu'il est interdit durant les grandes chaleurs ; s'il surgit pendant l'été un accident quelconque qui nécessite un curage complet, on doit attendre l'époque fixée par l'Administration pour l'accomplissement de ce travail qui n'est toléré que du 1er *novembre au* 1er *mai.*

Comme il est facile de concevoir le désagrément d'une attente pareille, dans le cas, par exemple, d'infiltration dans les caves voisines, infiltrations qui se produisent très souvent, nous n'insisterons pas.

Aux fosses avec vidange à vapeur ou à bras, nous n'ajouterons que pour mémoire le système *Waring* ou à double canalisation qui fonctionne à titre d'essai dans différentes villes, ainsi que le système *Berlier*, ou vidange pneumatique ; les renseignements que nous possédons sur le fonctionnement de ces procédés ne nous permettant pas de nous étendre davantage.

'Mais nous croyons devoir citer avec quelques détails le nouveau système de vidange proposé à Lyon, par M. l'ingénieur Burelle, *système pneumatique* avec canalisation spéciale, destiné à supprimer les fosses et le Tout-à-l'égout, système qui comporte :

1° *Un récepteur,* réservoir métallique étanche placé dans le sous-sol de la maison, à la partie supérieure duquel aboutissent les tuyaux de chute des cabinets d'aisance ;

2° *Une canalisation* ou tubes et tuyaux de fonte partant du bas du récepteur, et devenant successivement *branchements d'immeubles, branchements de rues,* troncs collecteurs, aboutissant à l'usine d'utilisation ;

3° *Des robinets d'isolement,* placés sur les divers branchements ;

4° *Une usine* où sont installées les pompes pneumatiques et les pompes aspirantes et foulantes qui refoulent les matières dans des réservoirs couverts et étanches, placés au loin dans les campagnes pour y être mises à la disposition des agriculteurs.

Bien que nous soyons nous-même inventeur d'un procédé de vidange supprimant par un autre moyen les fosses et le Tout-à-l'égout des matières fécales, nous ne pouvons qu'applaudir notre confrère avec la plus grande sincérité.

Sa conception est grandiose et hardie, elle serait parfaite bien que nécessitant une canalisation énorme, si tout en supprimant les fosses et le Tout-à-l'égout, elle supprimait aussi ces usines où sont centralisées et manipulées toutes les matières, usines qui sont toujours situées aux portes des grandes villes, et qui sont pour celles-ci une source d'infection.

Nous n'exagérons rien, croyons-nous, en disant qu'à Lyon, par exemple, l'usine de la Mouche répand à certains moments dans un rayon de plusieurs kilomètres une odeur qui ne laisse aucun doute sur les produits qui y sont traités; odeur quelquefois même absolument intolérable.

Nous irons bien jusqu'à admettre que peut-être ce singulier parfum n'est pas très dangereux, mais même s'il en était ainsi, et rien n'est moins prouvé cependant, on ne devrait pas tolérer aux portes des grands centres des usines comme celle de la Mouche, dont les émanations se font ressentir au milieu d'une population considérable. Car il arrive très souvent selon la pression atmosphérique, selon la direction des brises, que les odeurs de la Mouche sont appréciables jusqu'au centre de notre ville, à Saint-Just et Sainte-Foy même; tandis que le quartier de Perrache, les quartiers sud de la Guillotière sont à certains moments absolument infectés; tous les Lyonnais ont pu le constater comme nous.

Il serait puéril d'insister sur le fait que l'infection se répand tour à tour selon les caprices du vent dans toutes les directions, et que nous sommes au-dessous de la vérité en disant que 100.000 personnes de l'agglomération lyonnaise ou de la banlieue en subissent les atteintes.

Nous reconnaissons parfaitement l'importance de l'utilisation des matières fécales, mais dût-on pour cela subir une perte *(et ce n'est pas le cas)*, on devrait les utiliser dans des conditions plus hygiéniques ou tout au moins plus inodores, et dans tous les cas plus générales.

Le système Burelle ne fournit en effet l'engrais humain qu'à un territoire déterminé, à une certaine partie seulement de la plaine dauphinoise.

Ce sont là des inconvénients véritablement fâcheux et regrettables, mais ce sont les seules objections que nous puissions faire au système Burelle en tant que description théorique.

En ce qui concerne l'application, nous attendrons des expériences, des essais pratiques, avant de nous prononcer d'une façon définitive.

Toutefois, nous serions très heureux de voir appliquer à Lyon, un système de vidange, digne de notre époque, un système supprimant les fosses et leurs conséquences, un système qui n'empoisonne plus nos fleuves comme le Tout-à-l'égout.

Et nous le répétons encore, bien que nous soyons auteur d'un projet nouveau de vidange, que nous présentons plus loin, et qui réunit les qualités énumérées dans le précédent paragraphe, bien que nous soyons auteur d'un système qui de plus permet à tous les agriculteurs sans exception, l'emploi de l'engrais humain, nous apprécions fort le système Burelle si l'application répond aux espérances de l'inventeur, et nous ne voyons pas en face de nous un concurrent, un adversaire, mais un hygiéniste doublé d'un savant innovateur.

Car incontestablement il est beaucoup plus rationnel, infiniment plus intelligent et plus logique de payer cher, très cher même pour installer la canalisation spéciale que nécessite ce procédé, que de jeter aux égouts toutes les matières fécales pour se procurer ensuite au prix de dépenses inouïes l'agrément d'aller au loin dériver les eaux nécessaires aux incessants nettoyages des canaux recevant les déjections d'une grande ville.

M. l'ingénieur Burelle supprime le Tout-à-l'égout, supprime les fosses par son système, nous l'en félicitons d'abord comme compatriote, ensuite comme admirateur de toute amélioration.

Du Tout-à-l'égout

Les grandes agglomérations produisent de grandes quantités de détritus fermentescibles qu'il est nécessaire de faire disparaître sans porter atteinte non seulement à la salubrité des villes, mais encore à celle des banlieues, où ils sont généralement déposés.

Pour assainir une grande ville sans nuire aux communes voisines, il est indispensable de retourner aux voies naturelles en restituant à la terre tout ce qui lui a dû la vie; les matières fertilisantes ne doivent point être perdues, elles ne doivent pas être abandonnées, mais faire retour au sol d'où elles émanent.

L'assainissement d'une ville repose donc sur l'enlèvement prompt de ses détritus et sur un bon système de vidange, car l'enlèvement de toutes les déjections, de tous les détritus constitue un des remèdes les plus efficaces à opposer à l'insalubrité des grands centres. On commence à revenir des erreurs du passé, de ces temps où l'hygiène était considérée partout comme un luxe inutile, et où partout régnait la plus coupable indifférence. On revient de ces erreurs, car dans chaque ville, les Commissions hygiéniques, les Municipalités cherchent des améliorations, cherchent en un mot une solution difficile, il est vrai, mais qu'on est en droit d'espérer de notre siècle.

A notre époque on préconise à l'étranger, comme chez nous, un système qui n'est pas nouveau puisqu'il était employé par les anciens Romains, mais que l'on considère comme le type le plus parfait, le plus rationnel, nous pourrions dire le plus idéal, la Municipalité de Paris s'est, croyons-nous, servie de ce mot pour qualifier son système favori d'assainissement, son système pourtant si déplorable du *Tout-à-l'égout*.

Nous allons essayer d'examiner les inconvénients, d'abord du *Tout-à-l'égout*, comme il a été longtemps compris et appliqué, comme il est encore appliqué de nos jours, ensuite les projets d'amélioration dont il est l'objet, projets ayant, eux aussi, reçu un commencement d'application.

Le devoir des Municipalités est certainement de faire disparaître dans la mesure du possible toutes les insalubrités saillantes, car pour lutter contre les ennemis terribles et puissants, contre les épidémies qui menacent les agglomérations humaines, il faut assainir les villes. Le *Tout-à-l'égout,* repose sur les principes de l'évacuation immédiate par l'eau des matières hors de la maison sans stagnation dans les canaux. Il est évident que l'enlèvement rapide des matières fécales, des eaux souillées, etc., est une condition essentielle de l'hygiène dans les grandes agglomérations. Mais il reste à examiner si l'envoi à l'égout des détritus de tous genres n'est pas absolument contraire par ses conséquences aux lois de l'hygiène la plus élémentaire.

Il ne suffit pas de débarrasser les villes des immondices, des résidus de tous genres; mais il faut le faire dans des conditions telles qu'il n'y ait pas à redouter, des suites de cette amélioration, *un danger plus grand peut-être que le mal lui-même.*

Quelque paradoxale que puisse paraître cette réflexion, il n'en est pas moins vrai que l'évacuation par les canaux de tous les détritus gênants constitue un état semblable, pire peut-être, que l'antique procédé du *Tout-à-la-rue.*

Les hommes, fatigués des fosses d'aisance, cherchant un moyen de dissimuler à la vue et à l'odorat les déjections fécales, n'ont rien cru pouvoir imaginer de plus simple que de les déverser dans les fleuves par l'intermédiaire des canaux.

Par ce moyen, plus de fosses, plus de vidange a-t-on dit.

C'est vrai, mais on a oublié d'ajouter: plus d'eau pure.

Des auteurs autorisés se sont écriés au moment du choléra à Paris : *Plus d'eau de Seine! Plus de choléra !* D'autres, non moins illustres, ont nié complètement l'influence pernicieuse des eaux de ce fleuve, même saturées de matières organiques.

On a cependant remarqué depuis longtemps que la plus large et la plus active propagation du choléra coïncidait avec la contamination des eaux de sources souillées par les produits des fosses d'aisance, et avec la pollution des eaux courantes et des rivières par intromission des eaux d'égout. Ces divergences d'opinions nous amènent à reproduire un extrait du *Courrier de l'Hygiène* du 20 août 1892, et qui mérite d'attirer l'attention publique.

Ce journal s'exprime ainsi :

Les causes auxquelles on croit pouvoir attribuer l'éclosion du choléra de 1892 seraient dues à la mauvaise qualité des eaux de la Seine, infectées par les canaux qui reçoivent tous les immondices, toutes les matières fécales. En effet, en se reportant aux communes envahies, on voit qu'elles sont alimentées par la Seine et situées en aval de Paris. Au contraire, les communes desservies par la Seine prise en amont sont indemnes. On peut de là conclure que l'eau de la Seine a, dans une mesure assez large, contribué sinon à l'éclosion, du moins à la propagation de l'épidémie.

Nous n'ajouterons aucun commentaire à cet extrait, il est assez éloquent en lui-même, et notre avis est que certainement les eaux de la Seine ne sont pas étrangères à l'épidémie cholérique de Paris en 1892. Il est en effet fort compréhensible que les cours d'eaux infectés d'urines ou de matières, peuvent devenir à certaines époques la source de maladies contagieuses, et sont toujours pour le moins de forts incommodes voisins.

L'extrait du *Petit journal de Paris* du 12 novembre 1892 que nous reproduisons plus loin vient bien, croyons-nous, à l'appui de ce qui précède, et dépeint admirablement l'infection dont le système du Tout-à-l'égout est la source.

Sous le titre, *Inondations bienfaisantes*, le *Petit Journal* s'exprime de la façon suivante :

Les pluies de ces dernières semaines ont entraîné avec elles les germes morbides accumulés sur les rives de la Seine.

Elles ont fait disparaître les foyers les plus dangereux des épidémies qui nous menacent, ces amas immondes de matières organiques croupissant et fermentant dans le lit du fleuve et sur ses rives. Pendant quelques jours la Seine qui, entre le

*Point-du-Jour et Mantes, sert d'exutoire à quatre-vingt treize
égouts, ne roulera pas des flots empoisonnés par les matières
en putréfaction qui se sont amassées pendant tout l'été, et qui
à certains endroits, à Clichy notamment, obstruaient, il y a cinq
semaines à peine, la moitié du lit du fleuve.*

*L'inondation a balayé tout cela et assaini pour quelques
jours ces lieux infectés par des matières sans nom, mais sur
la nature desquelles l'odorat ne peut pas commettre d'erreur.*

Voilà l'opinion du *Petit Journal*, opinion qui est aussi la nôtre.

N'est-on pas en effet forcé d'admettre que les fleuves sont infectés
par les résidus des grandes villes et que la salubrité de ces dernières est inquiétante.

Du reste, les conséquences fâcheuses du *Tout-à-l'égout* sont
depuis longtemps reconnues, et lors de l'interpellation à la Chambre,
octobre 1892, sur le régime des eaux de Paris, interpellation
motivée par les épidémies dans la vallée de la Seine, différentes
propositions furent déposées pour éviter la pollution des eaux,
notamment celle de construire un canal pour conduire à la mer
toutes les eaux d'égout de la capitale.

Nous examinerons plus loin cette proposition.

Néanmoins, au moment de ces débats parlementaires, c'est-à-dire
au moment où Paris était menacé d'une terrible épidémie choléri-
forme, au moment où un mal qui n'avait sa source que dans
l'impureté des eaux faisait des milliers de victimes, il se trouva
cependant des hommes pour oser soutenir encore la théorie du
Tout-à-l'égout, et qui trouvant sans doute la Seine insuffisamment
infectée, désiraient la souiller encore afin de la transformer en un
véritable cloaque.

Débarrasser Paris de ses immondices est d'une absolue nécessité,
tel est aussi notre avis, mais le Gouvernement doit aussi se préoc-
cuper de la situation qui est faite aux localités de la banlieue par
ce système d'assainissement bizarre qui, pour purifier les eaux
d'un fleuve, commence à y déverser tout d'abord des monceaux
d'ordures.

Il y a une question d'hygiène qui s'impose contre ce procédé par
trop homéopathique. Car l'État devrait se pénétrer une fois pour

toutes de cette vérité, qu'il doit à ses administrés un air et des eaux salubres.

Pour supprimer les fosses d'aisance de tous genres et éviter en même temps les déplorables conséquences du *Tout-à-l'égout direct*, c'est-à-dire du système qui entraîne aux fleuves avec les eaux ménagères et pluviales toutes les déjections, on a proposé différentes combinaisons.

D'abord pour Paris, un canal allant déverser à la mer toutes les eaux d'égout ; ce projet très aléatoire quant aux résultats et indiscutablement très coûteux, a été soutenu et combattu vigoureusement, puis finalement repoussé, du moins pour le moment, parce qu'il ne permettait pas l'entière utilisation des matières fécales entraînées. Nous croyons en effet qu'il est de toute nécessité de conserver à l'agriculture d'une façon absolue, des quantités d'engrais aussi considérables.

On a proposé ensuite un autre projet qui a déjà reçu un commencement d'application, c'est le système du *Tout-à-l'égout* sans être cependant le *Tout-à-la-rivière*, le Tout à la Seine, puisque nous parlons de Paris.

Ce procédé est basé sur le principe de la centralisation dans un canal de toutes les eaux d'égout, canal qui va ensuite les déverser dans des champs d'irrigation à ce destinés; c'est le système, en un mot, de l'*épuration par le sol*.

Ce système d'épuration des eaux d'égout n'est pas d'*invention moderne*, cet usage remonte à sept ou huit siècles au moins avec d'intermittentes applications, mais, dans tous les cas, c'est la première fois que l'utilisation agricole des eaux d'égout s'est élevée à un chiffre pareil à celui qu'on déverse chaque année à Gennevilliers.

Les expériences sur les terrains d'essai à Gennevilliers ont donné, paraît-il, d'excellents résultats. Ce système s'est affirmé d'une manière éclatante. Des terres à peu près improductives se sont, par ce moyen, transformées en un pays de riche culture, la valeur des terrains a quintuplé.

Nous ne contesterons pas la possibilité d'amender des terrains incultes par l'emploi des eaux d'égout entraînant avec elles toutes les déjections d'une ville comme Paris. Nous constatons au contraire tous les jours les merveilleux résultats obtenus par l'emploi de l'engrais humain, logiquement employé. Mais il n'est pas absolument démontré, tant s'en faut, que des milliers de mètres cubes soient éternellement nécessaires pour l'engraissement du sol de Gennevilliers, et il est par contre surabondamment établi que l'agriculture gémit, que le sol épuisé réclame des engrais puissants sur d'autres points de notre territoire.

Il ne faut pas que les eaux des fleuves soient polluées, il ne faut pas que les engrais soient perdus ; mais doit-on pour cela déverser sur un espace limité des quantités par trop excessives d'engrais, alors que celui-ci manque d'autre part. Du reste, les matières répandues en trop grande quantité sont nuisibles. En vérité, est-il besoin de 40 ou 50.000 mètres cubes d'eau d'égout par hectare pour faire de la culture courante ? Nous posons cette question aux agriculteurs compétents.

De plus est-il établi, bien qu'on prétende que l'épandage n'offre pas d'inconvénient au point de vue médical, que les eaux d'égout n'amènent pas sur ces champs de productions forcées aucun germe morbide, aucun microbe, puisque ce mot est à l'ordre du jour qui, recueilli par les plantes maraîchères spécialement destinées à l'alimentation de Paris, ne soit pas un danger pour la santé publique. Les défenseurs du Tout-à-l'égout, les hommes qui le préconisent, affirment la salubrité de la plaine de Gennevilliers autant que celle de ses produits, ils affirment que le système d'épandage offre toute sécurité pour l'avenir.

Qu'il nous soit permis d'en douter, car l'absorption par le sol des eaux infectées a été, d'autre part, mûrement étudiée et définitivement condamnée, parce que la nappe d'eau souterraine en subit fatalement l'influence putride. On ne peut pas nier du reste que les eaux des drains de Genevilliers, quoique d'un bel aspect, sont très riches en microbes.

Les résultats dangereux de l'absorption par le sol peu sensibles peut-être pendant dix ou vingt ans, ne finiront-ils pas par se manifester ? Est-il démontré que l'engraissement à outrance des terrains de Gennevilliers ne produira pas dans un avenir plus ou moins éloigné des effets opposés à ceux qu'on espère.

Lorsque lesdits terrains saturés ne seront plus capables de rien absorber, que se passera-t-il ?

Recommencera-t-on à chercher d'autres terrains pauvres, reconstruira-t-on d'autres égouts pour y conduire les ordures de Paris ?

Des notes plus dithyrambiques les unes que les autres sur les résultats obtenus par les champs d'irrigation ne prouvent rien ou à peu près, si ce n'est le désir intéressé de voir triompher une cause pour le profit de quelques-uns, au détriment du plus grand nombre.

La population de Gennevilliers s'est accrue dit-on en dix ans, de 86 pour 100, nous le constatons volontiers.

Mais cet accroissement d'où provient-il ? Du déplacement des cultivateurs des environs qui, ne pouvant plus lutter contre la concurrence résultant de la culture et de la production à outrance de Gennevilliers, sont obligés de venir chercher là les moyens d'action, que le Tout-à-l'égout leur refuse.

Et nous ne saurions trop le répéter, on ne favorise pas par ce moyen l'agriculture en général, mais bien seulement quelques heureux privilégiés.

Nous ne doutons pas que Gennevilliers et Achères soient en pleine prospérité, mais ce que nous savons aussi, ce qui ne laisse absolument aucun doute, c'est que cette prospérité par trop grande, qu'il nous soit permis de nous exprimer ainsi, est acquise au prix de la décadence fatale, inévitable, de l'agriculture sur d'autres points de la grande banlieue parisienne. Que ce système débarrasse Paris de ses immondices, qu'il soit avantageux pour la capitale, c'est peut-être possible, et encore, mais de là à dire qu'il fournit des engrais à l'agriculture, il y a loin.

Ce qu'il fournit, c'est à une faible portion de territoire, à une ou plusieurs localités favorisées par leur situation topographique, une masse d'engrais qui n'est pas du tout en rapport avec ses besoins, masse appelée à s'accroître encore dans d'énormes proportions, si le Tout à-l'égout devient obligatoire.

Le projet d'un canal se dirigeant vers la Manche et fournissant sur son parcours des engrais aux agriculteurs, projet qu'on repousse à cause des frais qu'il nécessite, est à notre humble avis mille fois préférable, il n'a pas tant, du moins, ce cachet de favoritisme (qu'on nous pardonne ce mot en pareille matière) qui distingue tout spécialement les épandages de Gennevilliers.

A notre époque où l'on combat si vigoureusement les abus, il est surprenant de voir des ingénieurs, des savants, préconiser avec une vigueur d'argumentation inouïe autant que remarquable, soit par la parole, soit par la plume, un système d'assainissement qui peut-être est capable de débarrasser à grands frais les villes de leurs immondices, mais qui refuse de reconnaître à tous les agriculteurs de la grande banlieue le droit de profiter d'un engrais qu'ils payeraient aussi, et que l'on donne malgré tout, et quand même, à un territoire déterminé qui n'en a plus que faire.

M. Pasteur, l'un des plus puissants adversaires du système d'épuration par le sol, s'exprime de la manière suivante :

Il faut que par tous les moyens aujourd'hui en notre pouvoir, l'hygiène se préoccupe de détruire les germes morbides qui abondent dans les eaux d'égouts ou tout au moins d'annihiler leur funeste influence ; or, que propose-t-on ?

On propose non de les conduire à la mer, où ils ne pourraient plus nuire, mais de les accumuler chaque année de plus en plus, sur des champs situés aux portes des grandes villes.

Bien que notre opinion rentre dans l'ordre d'idées de l'illustre savant, nous ne sommes pas cependant d'avis d'envoyer à la mer les déjections de la capitale.

Nous admettrions encore un canal se dirigeant vers la Manche ou ailleurs, et permettant aux agriculteurs riverains l'emploi d'un engrais précieux, mais l'envoi direct à la mer nous paraît absolument contraire à une sage prévoyance.

Pourquoi envoyer à la mer les déjections de Paris ?

Pourquoi déplacer à grands frais le foyer d'infection ? C'est, croyons-nous, le seul but qu'on atteindrait.

Quelque digne d'intérêt que puisse être une grande ville ; quelque indulgent qu'on puisse être à son égard, doit-on pour cela lui reconnaître le droit d'envoyer chez les autres les ordures qui l'encombrent ?

Telle n'est pas, croyons-nous, l'opinion générale ?

Et cependant, un canal conduisant à la Manche toutes les déjections de Paris ne manquerait pas d'empoisonner les côtes sur une immense étendue. Les matières étant forcément ramenées sur les bords par la marée, s'y accumuleraient tous les jours de plus en plus, et fatalement finiraient par constituer un très grand danger pour les populations.

Nous ne parlerons pas de la perte totale de l'engrais que ce système impose, et qui en est aussi la condamnation, car il n'est guère admissible de laisser perdre volontairement une valeur telle que la somme des déjections d'une ville comme Paris.

On pourra aisément calculer l'importance immense de cette perte, quand on saura que les déjections annuelles d'un homme ont une *valeur agricole d'environ 10 francs.*

*
* *

Si le système du *Tout à-l'égout avec épandage ou épuration par le sol* ne nécessitait pas encore, malgré ses apparences économiques, de très grands travaux, conséquemment, de très grands frais, le mal, quoique le même, semblerait amoindri.

Nous sommes cependant parfaitement d'avis que les grandes villes doivent payer très cher même pour se débarrasser des immondices de tous genres, et que pour assurer la santé, il est bien plus important de prévoir que de guérir.

Mais quant à faire naître le mal, quant à empoisonner les canaux déjà suffisamment insalubres en y jetant toutes les déjections d'une grande ville, nous n'y voyons pas une absolue nécescité. Pour ne pas parler des odeurs qui par ce moyen s'exhalent de toutes les bouches d'égout, nous l'avons dit suffisamment infectés par les eaux ménagères ou industrielles, nous allons maintenant examiner les dépenses que ce système entraîne à cause de la quantité d'eau énorme qu'il nécessite pour le lavage, nous n'irons pas jusqu'à dire complot, mais au moins superficiel des matières fécales que les canaux véhiculent et véhiculeront le jour où le Tout-à-l'égout deviendra général et obligatoire.

Les égouts remplissent à l'égard des villes, le rôle du réseau intestinal dans l'économie humaine. L'évacuation la plus prompte possible des eaux souillées et devenues inutiles et nuisibles constitue une condition essentielle de l'hygiène de toute agglomération humaine ; or cette évacuation a lieu, chacun le sait, au moyen des canaux, au moyen d'un réseau de conduits ou égouts souterrains, qui sont mis en communication, d'une part avec la rue pour recevoir les eaux pluviales plus ou moins chargées de détritus ; d'autre part, avec la maison pour écouler les eaux ménagères et industrielles.

Débarrasser la voie publique des eaux pluviales et la maison des eaux ménagères et industrielles, tel est le rôle des égouts, rôle bien suffisant, car les égouts se déversant aux fleuves, il est bon de n'envoyer à ceux-ci que la quantité de matières organiques dont ils peuvent opérer la purification sans danger.

Or conserver nos fleuves purs est essentiellement indispensable, car l'eau occupe une place importante dans la vie des populations par les destinations multiples auxquelles elle est affectée ; elle constitue l'une des premières conditions de la salubrité des villes et l'un des principaux éléments de leur prospérité. La question des eaux potables est, surtout de nos jours, une question vitale par excellence, une question éminemment hygiénique et humanitaire. Car pour ce qui est de Paris particulièrement, les 2.500 décès annuels par fièvre typhoïde, sont tout simplement les innocentes victimes de l'infection des eaux souillées par les déjections. Et bien que journellement on voie surgir des cas de fièvre typhoïde dans des milieux ne laissant rien à désirer sous le rapport hygiénique, dans des milieux absolument salubres, on peut affirmer que l'eau pure est certainement l'élément de prévention le plus efficace de tous, non seulement contre la fièvre typhoïde, mais encore contre toutes les maladies infectieuses. Enfin, nous répèterons ici ce qu'a dit si justement un de nos plus éminents hygiénistes et micro-biologistes lyonnais : « *La matière fécale, voilà l'ennemi !* »

Cette question nous ramène à notre sujet, à ce sujet si grave, bien qu'apparemment puéril du Tout-à-l'égout.

A Paris, bien que le *Tout-à l'égout à la Seine et le Tout-à-l'égout avec canalisation spéciale sur les champs d'épandage* ne s'appliquent encore aujourd'hui qu'à environ un cinquième des immeubles, on a depuis longtemps reconnu, même à l'époque où cette proportion était beaucoup plus faible encore, l'infection qu'apportaient aux eaux du fleuve les matières fécales qui s'y déversaient.

C'est, sans aucun doute, ce grave inconvénient qui a fait naître l'idée d'appliquer d'une façon générale le Tout-à-l'égout avec irrigation et épuration par le sol. Nous avons, croyons-nous, suffisamment fait connaître ce procédé pour ne pas être obligé d'y revenir encore.

Nous reconnaissons, volontiers, la facilité qu'il offre d'évacuer par l'eau les vidanges et eaux ménagères, mais nous reconnaissons outre les inconvénients déjà mentionnés, son application difficile, très difficile même dans certains cas, et nécessitant des frais énormes pour amener là quantité d'eau nécessaire au lavage continuel des égouts recevant les déjections de tous les habitants d'une grande ville comme Paris.

Qu'on paie très cher pour avoir des eaux potables en abondance, c'est très bien ! Mais le cachet propre de notre pauvre humanité est de tomber toujours dans les extrêmes.

Expliquons-nous et résumons la situation en ce qui concerne Paris, situation qui peut s'appliquer à toutes les grandes villes où fonctionne le *Tout-à-l'égout*.

On s'aperçoit un jour de la nécessité de supprimer les fosses d'aisance pour éviter le séjour des déjections autour des habitants dans les grandes agglomérations.

Qu'imagine-t-on ?

Rien d'absolument nouveau.

On applique l'antique système du Tout-à-l'égout comme seul capable de faire disparaître les fosses, comme seul capable d'améliorer la situation.

Nous admettons, volontiers, que les fosses sont un pis-aller regrettable, mais il faut savoir supporter un mal, pour en éviter un autre plus terrible encore.

On croyait par le Tout-à-l'égout trouver une amélioration, on a rencontré pire. Et après avoir fait fausse route, après avoir constaté que même et surtout dans le Tout-à-l'égout, *tout n'est pas rose,* au lieu de se replier, de s'avouer le moins fort, comme après un essai malheureux, que fait-on?

On soutient malgré tout et quand même l'efficacité du système, en ajoutant cependant que son application nécessite une quantité d'eau énorme pour le nettoyage, quantité telle qu'il est à peu près impossible de se la procurer. Par conséquent, une canalisation colossale, des centaines de kilomètres d'aqueducs, des réservoirs immenses. On ne parle rien moins en ce moment que d'amener dans la capitale les eaux du lac de Neuchâtel ?.....

De l'engrais humain

Autrefois on croyait qu'en donnant à la terre une mauvaise nour‑
riture, putride, maligne, elle ne pouvait qu'engendrer de mauvais
produits, cette croyance était si générale, que les ordonnances
administratives interdisaient l'emploi des déjections humaines pour
la fumure des légumes et des plantes maraîchères. On ne pouvait
se servir de ces substances que sur les terrains dans lesquels
n'étaient point récoltés des produits destinés à l'alimentation de
l'homme.

Néanmoins certains agriculteurs téméraires et hardis em‑
ployaient, malgré les préjugés et les ordonnances, des matières
fécales comme engrais, et observaient ce fait singulier que les
*plantes soi‑disant empoisonnées ne se portaient que mieux, et
fructifiaient davantage.*

Mais malgré ces résultats, malgré ces preuves, on méconnut
longtemps, et on méconnaît encore aujourd'hui la valeur de cet
engrais qui n'a, somme toute, rien de plus repoussant que l'engrais
animal par exemple.

Pourquoi refuser les déjections de l'homme pour l'engraissement
du sol, alors qu'on recueille avec tant de soins celles des animaux ?

Les excréments humains sont cependant, l'expérience agricole le
démontre, au nombre des engrais les plus riches.

Il est vraiment surprenant que l'exemple de l'excellent effet de
ce fumier n'ait pas depuis longtemps déterminé l'emploi général
en agricutture des matières qu'on laisse perdre presque complète‑
ment. C'est méconnaître les vues de la nature que de gaspiller l'en‑
grais humain comme on le fait : les chimistes et les agriculteurs
intelligents le déplorent fortement.

La valeur agricole des vidanges est incontestable, pourquoi
l'emploi en est-il donc si limité ?

Les cultivateurs sont-ils donc insensibles au langage des faits et comprennent-ils donc si peu leurs intérêts qu'ils s'obstinent à repousser l'emploi de ces fumiers?

Nous croyons fermement que ce fait à tout égard très déplorable a sa principale source dans d'antiques préjugés, profondément enracinés, et qui cependant ne méritent pas d'être discutés; l'idée qu'ils sont insalubres, le dégoût qu'ils inspirent, sont certainement les raisons qui s'opposent à la généralisation de son emploi.

Pourtant, il est absolument certain que l'usage modéré de la matière fécale a une haute valeur agricole, une action bienfaisante facile à constater, et que son emploi a donné des résultats véritablement surprenants partout où il a été tenté.

Pour dissiper les doutes que l'on pourrait avoir sur les résultats qu'on obtient par l'emploi de l'engrais humain, il suffirait de parcourir les communes Sud-Est de Lyon, *Les terrains qui autrefois ne payaient pas les avancés qu'on y faisait, ont aujourd'hui par l'emploi de la matière fécale complètement changé de nature, et portent chaque année les récoltes les plus épuisantes*, c'est là un fait que chacun peut constater et qui a été répété par tous.

Dans les environs de Paris et autres grandes villes, on peut constater cet heureux phénomène qui, nous l'espérons, parviendra à vaincre tant de puérils préjugés, car l'engrais humain employé modérément convient à toutes les terres, à toutes les cultures.

Le fumier est comme le socle sur lequel repose l'agriculture; sans engrais pas de culture possible; il faut nourrir la terre pour qu'elle produise, c'est là une vérité banale.

On devrait donc donner toutes les facilités possibles aux industriels pour la manipulation logique des vidanges destinées à l'agriculture, ce serait un grand progrès pour la richesse des campagnes.

Il existe, nous le répétons, aussi bien en France qu'à l'étranger des préventions enracinées contre l'emploi agricole des déjections humaines. Il y a de nombreuses populations qui reculent de dégoût à la vue seule de ces matières. Heureusement la raison commence à triompher.

Autrefois, avons-nous-dit, les règlements de police à propos de la salubrité des légumes apportés sur les marchés défendaient aux maraîchers de se servir des vidanges ; une autorisation de police était même nécessaire pour les transporter sur une terre labourable.

Aujourd'hui, le temps a marché un peu et la science, en démontrant quels éléments utiles sont contenus dans les vidanges, a fait faire un grand pas au progrès.

Ce qui, naguère, était regardé comme des immondices gênantes et dangereuses, commence à être considéré comme une source inépuisable de trésors.

Il faut espérer que le jour est prochain où l'agriculteur, renonçant complètement à une routine traditionnelle, oubliera des préventions que rien ne justifie, et comprendra ses véritables intérêts.

Grâce à cet engrais et à quelque activité, le cultivateur acquerrait rapidement l'aisance même en cultivant des terrains qui sont à cette heure absolument improductifs.

Du reste, nous l'avons dit d'autre part, il est indispensable de retourner aux voies naturelles en restituant à la terre tout ce qui lui a dû la vie.

Car tout ce que l'air donne aux plantes, les plantes le cèdent aux êtres vivants qui doivent à leur tour le rendre à la terre ; cercle éternel dans lequel la vie s'agite et se manifeste, mais où la matière ne fait que changer de place.

Cette courte description sur la valeur de l'engrais humain valeur que personne ne peut contester, que tous les chimistes reconnaissent, vient bien à l'appui de nos assertions sur l'inapplicabilité du *Tout-à-l'égout* qui dilue dans une immense quantité d'eau les principes fertilisants des matières, conséquemment en diminue la valeur dans des proportions considérables.

Cette situation nous oblige d'émettre cet axiome en faveur de l'agriculture : Tout système de vidange ne permettant pas l'utilisation pour tous de l'engrais humain, doit être repoussé. Car il n'est évidemment pas impossible de trouver un procédé *tout aussi hygiénique que le Tout-à-l'égout*, par exemple, et qui de plus permette l'utilisation agricole des matières d'une façon beaucoup plus générale autant que beaucoup plus rationnelle.

CONCLUSION

Après cette rapide revue de la situation hygiénique faite aux grandes villes par les vidanges à différentes époques et surtout de nos jours, après ce court examen des différents systèmes de réception ou d'évacuation des matières employés jusqu'ici, ou à l'état de projet, procédés privant pour la plupart l'agriculture d'un engrais de premier ordre, nos lecteurs sont certainement suffisamment éclairés pour se rendre compte de l'insuffisance de tous, de la barbarie de quelques-uns, pour se rendre compte que les plus perfectionnés ne donnent pas des résultats satisfaisants tant s'en faut, et qu'une révolution totale s'impose.

Car bien qu'en ces dernières années quelques légères améliorations se soient introduites dans les procédés d'extraction de matières fécales, il n'en restait pas moins à résoudre un problème, il n'en restait pas moins à trouver un moyen permettant de supprimer les fosses, permettant de supprimer le Tout à-l'égout, et de séparer à peu de frais les éléments constitutifs de l'engrais, de sorte que les liquides privés de principes actifs et désormais inutiles puissent être rejetés sans danger ni inconvénient dans les canaux, même sur la voie publique. C'est ce problème que nous croyons avoir résolu, c'est ce triple résultat que nous croyons avoir atteint.

Nous allons présenter à nos lecteurs *notre projet d'amélioration, notre nouveau système de vidange*, qui ne pourra qu'intéresser même les plus indifférents, tant par son originalité que par son utilité de premier ordre, tant par sa nouveauté que par ses résultats acquis et constatés par de nombreux essais.

Ce nouveau procédé, fruit de longues observations pratiques de notre profession d'architecte, n'a pas la prétention d'être en tous points parfait. Il est évident qu'il offre quelques inconvénients. Mais quel est le système qui n'a pas d'inconvénients ? Ne suffit-il pas qu'un moyen plus rationnel, plus pratique et éminemment hygiénique se substitue à une méthode mauvaise et malsaine pour qu'il soit favorablement accueilli ?

Lyon, Juin 1893.

Description
du nouveau système de vidange
de l'architecte Bourdaret

La situation hygiénique pénible que nous avons résumée dans cette brochure, les inconvénients très regrettables des fosses, ceux non moins grands du *Tout-à-l'égout*, nous ont en effet conduit à étudier un moyen qui, tout en étant pratique, qui tout en étant pas plus coûteux que les systèmes actuels, obvie à tous les inconvénients que nous avons exposés sans pour cela en faire naître d'appréciables.

Notre système permet de supprimer les fosses d'aisance, avons-nous dit dans notre conclusion, c'est-à-dire d'apporter à la salubrité des villes un appoint considérable dont elles ont tant besoin. De supprimer les fosses d'aisance, c'est-à-dire les pires dangers qui menacent les populations, de supprimer la source, en un mot, de la pollution de l'air, du sol et de l'eau, car tout est pollué dans les villes, tout est pollué dans le peu d'espace qu'elles présentent, et cela presque uniquement par la perpétuelle fermentation des matières dans les fosses.

Il est évident que la suppression des fosses entraîne avec elle celle de tous les systèmes de vidange qui en sont la conséquence.

Notre système permet aussi, et surtout, la suppression du *Tout-à-l'égout* des matières fécales, tant le *Tout-à-l'égout dans les fleuves* qui empoisonne ces derniers, que le *Tout-à-l'égout avec irrigation qui empoisonne le sol* et qui, dans les deux cas, n'est applicable, nous l'avons dit d'autre part, qu'à la condition de disposer d'une quantité d'eau telle qu'il est impossible de se la procurer sans des travaux et des frais immenses.

Et ne semble-t-il pas puéril d'être obligé d'aller chercher bien loin de l'eau pure et ce, à grand renfort de millions pour nettoyer des canaux où se déversent continuellement des matières fécales.

Le nouvel aqueduc, récemment inauguré, amenant les eaux de l'Avre à Paris, a coûté 35 millions, et a 102 kilomètres de longueur.

Notre système, bien que destiné à remplacer les fosses d'aisance, bien que capable de trancher avantageusement la palpitante question du *Tout-à-l'égout* permet cependant l'utilisation facile, logique et surtout *générale* de cet engrais particulièrement remarquable qui a nom *engrais humain.*

Et ce, dans des conditions tout à fait spéciales, non pas un engrais mélangé d'eau, et dont les ruineux frais de transport en interdisent l'emploi à la majorité des agriculteurs, mais un engrais absolument débarrassé de toute la partie liquide inutile.

Notre procédé promet de donner à l'agriculture le maximum des propriétés fécondantes des déjections humaines sous un volume considérablement réduit, quintessencé, en utilisant seulement les *matières solides* et l'extrait d'urine connu sous le nom de *phosphate ammoniaco-magnésien.*

Ce produit bien que ramené par l'élimination des liquides inutiles à un volume très réduit renferme cependant toutes les matières fertilisantes de l'engrais humain, et n'a absolument rien de commun avec les *poudrettes,* c'est-à-dire avec les matières fécales séchées et réduites en poudre qui ont perdu dans l'atmosphère la plus grande partie des produits utiles à la végétation.

La poudrette obtenue par une lente putréfaction qui dure souvent plusieurs années perd en effet les 9/10 de ses principes utiles, et sa fabrication réduit *à la capacité de quelques décimètres cubes tout un tombereau d'engrais.*

Celui que nous obtenons par *notre système* n'a subi, bien qu'absolument inodore, aucune espèce d'évaporation ; il est tout simplement séparé des eaux inutiles, ce qui le rend facilement transportable à de grandes distances, alors que la masse d'eau qu'on rencontre dans les fosses ne permet pas de transporter actuellement les vidanges au delà de 3 ou 4 lieues autour des villes.

Personne en effet n'ignore l'abondante quantité d'eau recelée par les fosses d'aisance, quantité qui s'accroît encore tous les jours et qui appelle des modifications dans les moyens de vidange et de transport.

N'est-il pas évidemment très fâcheux d'être obligé de payer des prix souvent abusifs pour transporter des liquides ne contenant le plus souvent qu'une infime proportion de matière sans parler de l'encombrement de la voie publique occasionné par les tonnes immenses chargées dudit transport.

Pour éviter ces frais inutiles, les vidangeurs d'autrefois jetaient très souvent sur la voie publique ou dans les rivières les eaux par trop encombrantes.

Ils faisaient même pour cela usage de tonneaux qui avaient été percés à l'avance de manière à laisser perdre les liquides dans les ruisseaux. On fut obligé d'organiser une surveillance et c'est de cette époque, croyons-nous, que date l'origine de la déclaration que tout entrepreneur est obligé de faire à l'Administration avant de procéder à la vidange d'une fosse.

Mais de nos jours où de semblables abus sont très sévèrement interdits, et à justes raisons, de nos jours où plus que jamais les eaux abondent dans les fosses d'aisance, il est nécessaire pour éviter des frais de transport ruineux autant que désagréables d'appliquer un système qui permette d'extraire les matières utiles, indispensables à l'agriculture, et d'éliminer l'eau soit sur la voie publique, soit par les canaux sans pour cela offrir aucun danger pour la salubrité publique.

Ces résultats, nous les obtenons par notre système.

L'idée de faire écouler les eaux inutiles sur la voie publique n'est pas nouvelle, mais le problème permettant d'y répandre sans danger les liquides nauséabonds qui, d'après analyse, entrent dans les fosses pour une proportion de plus de 85 pour 100 n'était pas encore résolu.

Depuis longtemps des tentatives avaient été faites dans ce but, soit par la désinfection chimique, soit par la filtration à l'aide d'appareils diviseurs établis dans les fosses, mais depuis long-temps aussi on se heurtait à l'impossibilité de se débarrasser de cette façon d'une masse d'eau considérable qu'il était impossible d'assainir au point de pouvoir sans danger la déverser sur la voie publique ou dans les canaux.

Car il subsiste toujours soit en suspension, soit en dissolution dans les matières chimiquement traitées, des principes fertilisants qui étaient une cause de corruption pour les cours d'eau.

Nous avons vaincu cette difficulté d'une façon bien simple, par *le chauffage des liquides à 120 degrés*, après précipitation des sels contenus dans l'urine et désinfection chimique préalable. Le tout opéré très facilement et à l'abri de la plus légère émanation.

Or, une eau, quelle que soit son origine, peut toujours être sans aucun danger évacuer à la rue, au canal ou à la rivière après avoir été désinfectée et soumise à une température de 120 degrés.

Nous utilisons notre foyer pour incinérer les immondices ou détritus de ménage, ordures de toutes sortes.

Par cette opération nous évitons la fermentation de ces matières, et apportons encore une amélioration sensible à la salubrité.

Nous offrons, en outre, un avantage très appréciable aux Administrations municipales, car elle entraîne, en effet, la suppression, tout au moins partielle, de la dépense affectée à l'enlèvement de détritus par le service de la voirie.

Les résidus de cette incinération, ainsi que ceux provenant directement de notre foyer, résidus contenant encore une certaine quantité de principes fertilisants, pourront être mélangés à notre engrais pur lorsqu'il y aura urgence de mitiger son action et ses forces sans cependant employer l'eau.

Ces résidus constituant, en outre, un excellent absorbant permettront, s'il y a lieu, d'expédier facilement les engrais sous une forme sèche autant qu'inodore.

Néanmoins nous pourrons toujours par *notre système*, sans aucune manipulation spéciale, fournir un engrais mi-liquide, un extrait, nous l'avons dit, lequel peut s'employer pur ou augmenté sur les lieux de son emploi d'une quantité d'eau plus ou moins grande selon la nature des terrains et le genre de culture.

Ce procédé évite le transport de l'eau que l'on trouve partout et permet de titrer en quelque sorte l'engrais employé.

En somme, par notre système nous permettons à tous les agriculteurs sans exception de se procurer toujours et en tous temps, avec beaucoup de facilité, la somme d'engrais humain inodore, nécessaire à leur exploitation.

Notre nouveau procédé de vidange nécessitant un foyer pour le chauffage indispensable à la complète stérilisation des eaux, nous permet, avons-nous dit, *l'incinération des immondices de la maison.*

Ce système d'incinération qui, dans plusieurs villes, a déjà reçu un commencement d'application pour agir sur des grandes masses d'immondices, détritus industriels, produits du balayage des rues, etc., a donné les résultats qu'on était en droit d'espérer d'un agent désinfectant tel que le feu.

Nous avons dit que nous nous débarrassons des eaux inutiles par leur expulsion dans les canaux après désinfection et chauffage à 120 degrés, température plus que suffisante pour la destruction de tous les microbes qu'elles renferment.

De sorte que nous n'apportons dans les canaux qu'une eau absolument inodore et dans un état d'inocuité parfaite, c'est-à-dire un appoint très considérable d'eau salubre qui en augmentant l'intensité du courant desdits canaux en facilite beaucoup le nettoyage.

Nous contribuons donc encore par ce moyen à la salubrité des villes, en fournissant une quantité d'eau capable d'atténuer dans d'assez grandes proportions les émanations déjà suffisamment gênantes des bouches d'égout, égouts auxquels on voudrait cependant encore déverser toutes les matières fécales.

Il est vrai que quelques hygiénistes vont jusqu'à affirmer que les canaux d'une grande ville qui ne pratique pas le Tout-à-l'égout dégagent autant de mauvaise odeur que ceux qui reçoivent tout.

Telle est, entre autre, l'opinion que M. le Dr Clément, médecin de l'Hôtel-Dieu de Lyon, émet dans une étude publiée récemment par le *Bulletin médical du dispensaire* (n° 36, décembre 1892, p. 200).

Dans cette étude, après avoir fait très éloquemment l'historique et la condamnation des fosses d'aisance, M. le Dr Clément aborde ensuite la question du Tout-à-l'égout, procédé qu'il préconise à Lyon.

Et de son argumentation, nous pourrions dire de sa remarquable plaidoirie en faveur de ce procédé, nous reproduisons le passage suivant, où s'appuyant sur Miquel, il dit :

« Le nombre des microbes contenus dans l'air des égouts est constant en toute saison, et s'élève à 8 ou 900 par mètre cube, tandis que celui que contient l'air de la rue varie selon les saisons. Tantôt il est inférieur, tantôt il est supérieur au premier. Voici la la loi : En été, l'atmosphère de la rue de Rivoli peut dépasser de cinq à six fois en impureté l'atmosphère de l'égout ; en hiver, c'est le contraire, l'air de la voie publique peut dépasser cinq à six fois en pureté l'atmosphère de l'égout.

« Si on compare la richesse en germes de l'atmosphère des égouts avec celle des habitations, la différence est bien plus marquée, elle en contient toujours infiniment moins que l'air confiné de nos logements. De sorte que si la formule n'était pas outrageusement paradoxale, on pourrait dire qu'au point de vue de la quantité des germes, l'air des égouts purifie l'air des maisons. »

Bien que le Dr Clément nous explique d'autre part ces surprenants phénomènes, il nous est permis de douter de leur exactitude, et jusqu'à des preuves palpables, irréfutables, d'aussi paradoxales assertions, nous ne douterons pas que les eaux d'égout même dépourvues de déjections soient polluées et infectées, et nous soutiendrons que le Tout-à-l'égout augmente cette infection. C'est du reste de la plus élémentaire logique.

Nous assainissons donc les villes en déversant par *notre nouveau procédé* des quantités d'eau salubre dans les canaux.

En ce qui concerne la pureté de l'air des égouts dont nous parle M. le Dr Clément, elle ne serait guère plausible que si l'on admettait aussi cette formule singulière et étrange : *Que l'infection engendre la pureté.*

Application
et fonctionnement du Système de vidange Bourdaret

Notre procédé aussi peu coûteux, moins coûteux même que l'établissement et l'entretien d'une fosse ordinaire, est d'une application des plus faciles, tant dans les nouvelles constructions que dans les maisons existantes, quel que soit pour ces dernières les systèmes employés *(fosses* ou *Tout-à-l'égout.)*

Il nécessite seulement une chambre spéciale dans les caves ou sous-sol, *sous les cours, par exemple,* chambre destinée à recevoir notre appareil.

(Voir le dessin d'ensemble pour l'intelligence de notre description.)

Notre système se compose :

1° D'un *récepteur* ou réservoir métallique étanche, placé à la partie supérieure de notre chambre, dans lequel aboutissent les colonnes de chute des cabinets d'aisance ; *ce réservoir est muni d'un appareil diviseur* ;

2° D'un second réservoir, dit de *décomposition*, destiné à recevoir seulement les liquides que laisse pénétrer le diviseur susnommé.

3° *D'une petite chaudière* destinée à la stérilisation des eaux, le foyer de ladite sert en même temps à incinérer les détritus de ménage.

4° D'un troisième et dernier réservoir, dit de *refroidissement*. Les trois réservoirs sont superposés dans l'ordre de cette description.

Le fonctionnement de cet ensemble s'opère de la façon suivante :

Les matières solides et liquides sont amenées par les colonnes de chute dans notre récepteur ; les liquides par leur propre poids viennent lécher les parois du diviseur et se précipiter dans le second réservoir dit de *décomposition*, placé au-dessous.

Le diviseur est cylindrique et mobile, afin d'éviter les engorgements que peut provoquer quelquefois l'adhérence de produits étrangers, du papier, par exemple.

Les matières solides retenues par le *récepteur*, sont recueillies quand il y a lieu, après désinfection préalable, d'une façon, pour ainsi dire automatique, par la simple ouverture d'une vanne qui les déverse dans un petit tonneau, facilement transportable, même à la main, autant qu'absolument inodore, et aussi agréable à l'œil que le fût commercial le plus élégant.

Dans ce petit tonneau, par *notre système* qui évacue sur place les eaux inutiles, nous transportons une quantité d'engrais ou matières au moins égale à celle contenue dans les plus grandes tonnes des Compagnies de vidange ; et cela sans la moindre odeur par suite de la désinfection rendue complète, étant donné les petites quantités sur lesquelles nous opérons, étant donné surtout l'introduction des désinfectants dans un récipient hermétiquement clos qui est de plus muni d'un *agitateur formant hélice* et permettant un mélange absolument complet des désinfectants et des matières.

Les liquides, urines et eaux, qui se déversent dans les cabinets de tout système, sont reçus par le deuxième réservoir dit de *décomposition* où ils sont soumis, plus ou moins souvent, selon les circonstances, à un traitement chimique à froid qui les désinfecte tout en faisant naître une précipitation de *phosphate ammoniaco-magnésien*, constituant un engrais de premier ordre.

Le produit de cette précipitation est recueilli de la même façon que les matières solides.

Les eaux qui surnagent bien qu'absolument désinfectées, bien que ne contenant plus ou peu de principes fertilisants sont envoyées dans la chaudière du foyer incinérateur des détritus de ménage et soumises à une température de 120 degrés, pour leur complète stérilisation.

C'est pendant les quelques instants nécessaires au chauffage que, pour éviter toute perte de temps on procède lorsqu'il y a lieu à l'extraction des matières solides du *récepteur* ainsi que des phosphates du réservoir de *décomposition*.

Lorsque la température nécessaire à la destruction complète des microbes est atteinte, ou sur le point de l'être, on précipite sur le foyer par un jet de vapeur, le peu de gaz qui pourrait subsister dans l'appareil. Ces gaz lorsqu'ils existent sont absorbés complètement par le feu.

Les 120 degrés obtenus, on cesse le chauffage en couvrant le feu avec les détritus dont nous avons déjà parlé, et qui sont amenés près du foyer par une gaine spéciale, cette opération permet de ramener rapidement la température à environ 100 degrés, c'est-à-dire à la simple ébullition, ou à peu près, et de réduire en cendre par l'incinération complète les détritus végétaux et animaux produits dans les habitations, et si encombrants pour le service d'enlèvement de la Voirie.

Après la chute de la preion, l es eaux chaudes, désinfectées et stérilisées sont alors déversées dans le réservoir de refroidissement pour être évacuées dans les canaux au début de l'opération suivante, et ainsi de suite.

Bien que ce système nécessite un petit foyer dans chaque maison, la chaleur qui se dégage est nulle, moins appréciable peut-être que celle produite par un minuscule fourneau de cuisine, d'abord parce que l'opération du chauffage est de très courte durée, ensuite à cause de la disposition particulière du foyer composé d'une double enveloppe, l'une en terre réfractaire, l'autre en tôle ; enveloppes séparées par un espace vide de 5 centimètres qui permet la circulation de l'air frais au moyen d'appels ou ventouses ménagés à cet effet, et conséquemment la concentration du calorique ; ce résultat est si complètement obtenu que la seconde enveloppe en tôle, ou enveloppe extérieure ne dégage aucune chaleur appréciable.

On peut brûler tous les combustibles, on peut chauffer au gaz, au pétrole ou au shiste avec la même facilité qu'au charbon ou au bois.

Nous allons maintenant terminer cette description par quelques lignes sur l'application du procédé.

Dans les constructions nouvelles, il suffit de substituer à la fosse une chambre ou cave destinée à recevoir l'appareil. *(Dans les maisons très importantes, il est établi plusieurs chambres, de même qu'on y établit actuellement plusieurs fosses.)*

Une gaine de cheminée sert à l'évacuation de la fumée de notre foyer, fumée très ordinaire, aussi faible que celle d'un fourneau de cuisine, et ne dégageant absolument aucun gaz délétère.

Dans les maisons existantes, il suffit de transformer les fosses actuelles en chambres avec appareil, ou, pour plus de facilité, établir ladite chambre à l'emplacement d'une cave, la plus rapprochée de la fosse autant que possible ; dans les deux cas les propriétaires n'ont rien à changer à l'organisation actuelle des colonnes de chute des cabinets, dans le deuxième seulement des raccords sont nécessaires.

Dans les maisons existantes avec fosse, on emploit autant que possible la colonne d'évent pour l'évacuation de la fumée ; lorsqu'il y a impossibilité, il est établi une gaine contre l'une des façades sur cour.

Pour les maisons construites sur le pied du *Tout-à-l'égout*, il est installé dans les caves une chambre avec appareil à l'endroit le plus favorable pour réunir, avec quelques raccords, toutes les colonnes de chute. Enfin il est placé au besoin plusieurs appareils en raison de la disposition et de la grandeur des maisons, mais, même dans ce dernier cas, la dépense n'est jamais aussi considérable que pour l'établissement et l'entretien d'une fosse.

Il est évident que ce système est non seulement applicable aux maisons d'habitation, mais aussi aux grands établissements tels que casernes, hôpitaux, lycées, écoles, etc., et, pour en faciliter l'emploi, des appareils de différentes dimensions sont établis suivant les cas, selon le nombre des habitants et l'importance des immeubles où ils sont appelés à fonctionner. Mais toutefois l'emplacement nécessaire à l'installation est aussi restreint que celui de la fosse d'aisance la plus ordinaire.

En ce qui concerne le fonctionnement régulier de l'appareil, les cas probables d'encrassement, de nettoyage, changements de pièces ou accessoires, des mesures sont prises pour que tout puisse s'effectuer facilement et sans aucune difficulté.

Quelques minutes suffisent au besoin pour le changement complet de l'appareil et, même dans ce cas, il n'y a aucune odeur désagréable à redouter, car ce système étant surtout essentiellement hygiénique, doit être par conséquent complètement inodore.

Du reste les visites faites dans notre installation, 19, place de la Martinière à Lyon, par quelques-unes de nos sommités scientifiques (civiles et militaires) et industrielles, nous ont valu des approbations et des encouragements qui ne laissent aucun doute sur les services immenses que pourrait rendre dans une grande ville l'appli cation générale de notre nouvea procédé de vidange, lequel peut se résumer ainsi :

Pas de fosses !
Pas de matières fécales à l'égout !

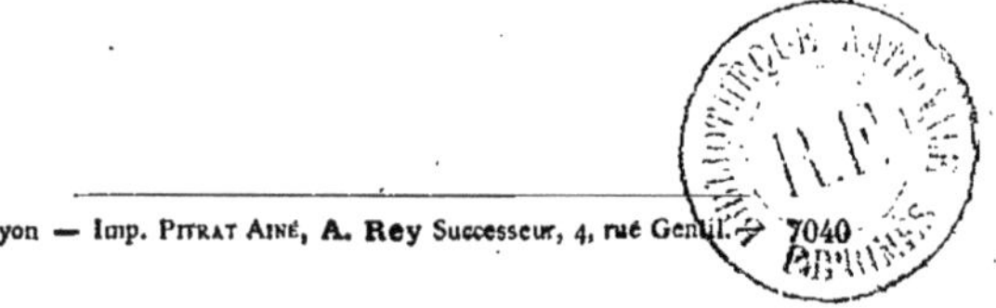

Lyon — Imp. PITRAT AINÉ, A. Rey Successeur, 4, rue Gentil. — 7040

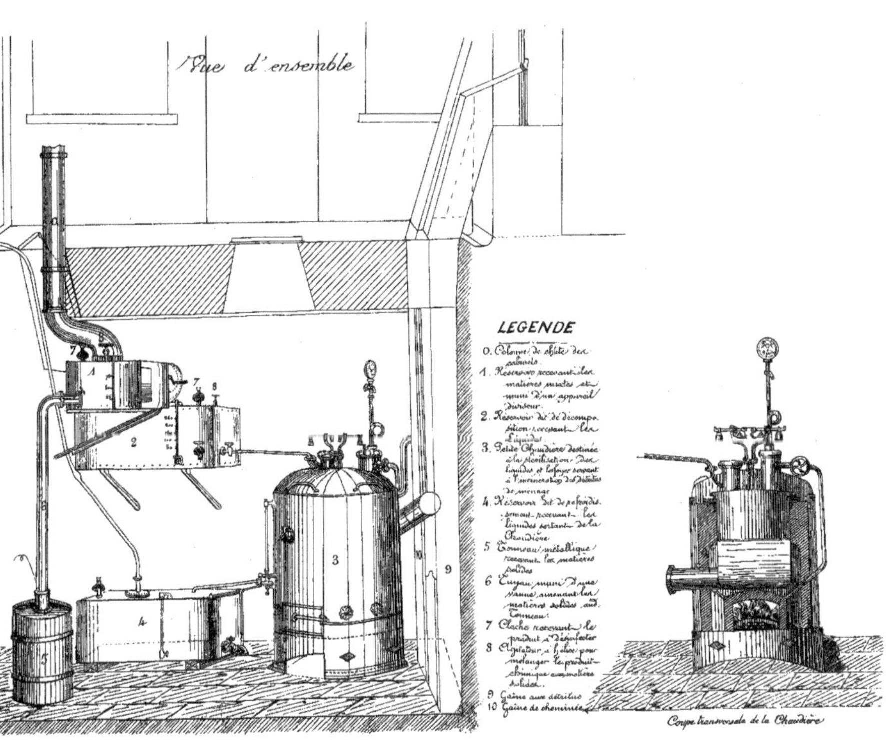

Vue d'ensemble
LEGENDE
0. Colonne de chute des animaux
1. Réservoir recevant les matières mixtes et muni d'un appareil diviseur
2. Réservoir dit de décomposition recevant les liquides
3. Petite Chaudière destinée à la stérilisation des liquides et le foyer servant à l'incinération des déchets de ménage
4. Réservoir dit de refroidissement recevant les liquides sortant de la Chaudière
5. Tonneau métallique recevant les matières solides
6. Tuyau muni d'une vanne amenant les matières solides au Tonneau
7. Cloche recevant le produit à désinfecter
8. Agitateur à hélice pour mélanger le produit chimique avec matières solides
9 Gaine aux déchets
10 Gaine de cheminée
Coupe transversale de la Chaudière